L'ENFANT

DU

BORDEL.

L'ENFANT

DU

BORDEL.

TOME SECOND.

A PARIS.

M. D. CCC.

L'ENFANT

DU

BORDEL.

CHAPITRE PREMIER.

DEPUIS deux heures environ j'étois enséveli dans un sommeil léthargique, lorsqu'un petit bruit que j'entendis me réveilla. Je tâte auprès de mon lit, ma main attrape une chemise de femme ; je monte un peu plus haut, et je trouve cette gorge délicieuse , qui m'avoit tant fait bander deux heures auparavant. C'étoit Jeannette ! je tire doucement à moi, et la fraîche soubrette est bientôt à mes côtés. Que ne puis-je peindre les transports brûlans, les forces inépuisables que ces charmes parfaits m'inspirèrent..... Oh ! oui, bien parfaits ! A chaque instant cette gorge d'albâtre sembloit plus ferme encore ; le bouton qui le couronnoit, croissoit sous mes lèvres amoureuses ; des membres voluptueux, que la mère des Graces n'auroit pas désavoués ! un ventre poli comme de l'ivoire, des cuisses, une jambe.......

Mais, sur-tout ce qui étoit au-dessus de tous les éloges, c'étoit la grotte des plaisirs. Un poil doux comme de la soie en garnissoit l'entrée, une odeur suave et balsamique s'exhaloit de tout le corps de l'aimable Jeannette.

Voulant la payer de sa complaisance et des marques d'amitié qu'elle me donnoit, en se rendant à mes desirs, je me mis en devoir de lui donner des preuves de ma reconnoissance.......... C'étoit le jour de surprise : cette Jeannette, qui étoit la femme - de - chambre de madame de Senneville, que cette messaline obligeoit à se prêter à ses caprices amoureux, Jeannette enfin étoit pucelle.......... Combien cette connoissance me la rendit chère, combien elle donna de prix aux faveurs inestimables qu'elle consentoit à me prodiguer.

Déjà les soupirs profonds de la jeune vierge annoncent et ses desirs et ses craintes ; déjà l'air retentit des plaintes de la victime, que je tâche vainement d'étouffer sous mes baisers brûlans. Bientôt le cri de la pudeur s'envole, l'éclair de la volupté brille à nos yeux, et nous expirons dans les bras l'un de l'autre.

Ah comme je témoignai mon amour à la jolie et fraîche Jeannette ; de combien de caresses je l'accablai, de combien de baisers je saturai ses charmes ; jamais ! non jamais je n'éprouvai tant de délices ;

mes forces exaspérées par la perfection des appas qu'elle abandonnoit à mes mains libertines, firent de moi un Hercule, et depuis ce demi-dieu de vigoureuse mémoire, jamais pucelage ne fut aussi vertement fêté.

Beaucoup de mes lecteurs ne comprendront peut-être pas comment il est possible que Jeannette ait conservé son pucelage dans une maison dont la maîtresse la soumettoit à ses caprices libertins : je leur dois l'explication de ce problême singulier.

Jeannette étoit la fille d'un fermier d'une des terres de M. de Senneville, élevée par un père dont les

vertus patriarchales faisoient le bonheur d'une nombreuse famille, et
y avoient maintenu les mœurs de
l'âge d'or. Jeannette étoit parvenue
jusqu'à dix-huit ans, sans que rien
altérât cette innocence précieuse.
Madame de Senneville la vit à un
de ses voyages, la demanda à son
père. Celui-ci, qui ne connoissoit pas
les mœurs dépravées de la femme
de son seigneur, y consentit, malgré
la répugnance qu'il avoit à éloigner
un de ses enfans du sein paternel.
Madame de Senneville, adora-
trice de tout ce qui pouvoit flatter
ses goûts bisarres, étoit devenue
exclusivement jalouse de Jeannette;
depuis un an qu'elle étoit à son service, elle l'avoit exactement sur-

veillée jusqu'au moment où j'avois cueilli cette fleur précieuse.

Je passai cinq mois dans cette délicieuse demeure , qu'embellit pour nous une suite non-interrompue de plaisirs. Mes jours étoient consacrés à la promenade , à la chasse, à la pêche ; mes soirées aux plaisirs effrenés de madame de Senneville ; les nuits à la jouissance de l'ame et du bonheur dans les bras de la céleste Jeannette.

Un des premiers jours du mois de mai, nous avions passé Jeannette et moi une nuit délicieuse ; nous comptions bien qu'une longue suite de nuits semblables alloit s'écouler pour nous : nous descendons, à neuf heures du matin, étonnés de ce que madame de Senneville, ordinairement très-matineuse, n'avoit pas encore paru : dix heures, onze heures sonnent, et elle ne se lève pas ; impatiens, inquiets, nous frappons, point de réponse ; enfin ne sachant que soupçonner, les domestiques m'aident à enfoncer la porte. Les rideaux du lit étoient fermés ; nous les ouvrons...... l'infortunée madame de Senneville étoit morte......

Elle avoit depuis quelque tems d'assez violens accès de goutte. Dans cette nuit fatale, la goutte lui avoit remonté dans l'estomac et l'avoit étouffée.

Tirons

Tirons un rideau sur ce tableau funeste , nos pleurs sincères l'accompagnèrent au tombeau ; nos regrets survécurent à sa dépouille mortelle , et son souvenir se grava dans nos cœurs en traits ineffaçables.

J'avois, au moment de ce malheur, expédié un domestique à M. de Senneville : il arriva , et sans paroître plus étonné , sans avoir quitté son air froid , il donna des ordres pour l'arrangement de la maison. Dans un des tiroirs du secrétaire de madame de Senneville, il trouva une espèce de testament, qui contenoit ses dernières volontés.

Elle prioit son mari dans le cas où

la mort disposeroit d'elle, d'assurer à
Jeannette de quoi vivre le reste de
ses jours, sans être obligée de servir
personne. Elle le prioit de me donner
un bon cheval, cinquante louis, son
portrait, qui étoit enrichi de bril-
lans, et de me laisser aller où bon
me sembleroit ; elle faisoit ensuite
quelques dons à ses domestiques.

M. de Senneville ne démentit pas
son caractère froid et impassible ;
sans s'informer quel pouvoit être
le genre de mes liaisons avec son
épouse, ce qui avoit pu occasionner
le long séjour que j'avois fait chez
lui, il me donna les cinquante louis,
le portrait de son épouse, me fit
choisir le meilleur cheval de son
écurie, et me laissa la liberté, ou

de demeurer au château ou de m'é-
loigner.

La mort de madame de Senneville m'avoit trop profondément af-
fecté pour que je consentisse à pro-
longer mon séjour ; Jeannette que
cette mort avoit ainsi que moi ré-
duite au désespoir, me pria de la
reconduire chez son père, qui de-
meuroit à six lieues de là ; et dès le
lendemain nous nous éloignâmes
emportant dans nos cœurs le souvenir de la bonne amie que nous
avions perdue.

A moitié chemin du château à
la ferme, nous traversâmes un petit
bois où nous nous reposâmes; nous
parlâmes de notre bienfaitrice, nous
nous embrassions, en mêlant nos

larmes ; bientôt ces baisers firent naître d'autres desirs. Le gazon fleuri, sur lequel nous étions, sembloit nous inviter à le fouler ; nos bouches se rencontrèrent, nos mains s'égarèrent, et le flambeau de l'amour brilla à nos yeux ; mais l'ombre de madame de Senneville qui, sans doute, planoit sur nos têtes, ne dut pas s'offenser de nos desirs. Au moment suprème, un même sentiment nous fit dire : « Ah ! que n'est-elle avec nous ! que ne peut-elle encore goûter les plaisirs dont nous l'avons si souvent enivrée ! » Une preuve, c'est qu'ensuite nous parlâmes d'elle avec le même respect et la même vénération. Bientôt je remontai à cheval, je repris Jeannette en croupe , et , après deux heures de marche , nous arrivâmes chez son père.

Le père de Jeannette étoit la meilleure pâte d'humain qui pût exister; il me reçut avec une bonté paternelle; il me remercia des soins et des complaisances que j'avois eus pour sa fille. Jeannette se joignit à l'auteur de ses jours pour m'engager à passer quelque tems à la ferme; la bonhommie du père , les appas des filles étoient des liens qu'il auroit été trop difficile de rompre; je ne cédai pas , et , après deux jours donnés à leur amitié , pendant lesquels je fêtai le plus vigoureusement possible les appas de Jeannette , je partis , un bon cheval entre les jambes et cinquante louis dans ma poche.

J'avois encore la lettre de mademoiselle S...., je résolus de la mettre à profit, et je repris la route de Lyon en faisant la réflexion, que si je me reposois six mois toutes les douze lieues, j'arriverois à Lyon en état de jouer les pères nobles.

Nous étions dans la plus belle saison de l'année, la nature étoit riante, les arbres étoient couverts de feuilles et de fleurs, j'étois environné d'un athmosphère embaumé. Ah ! combien je sentois la douceur de mon existence ! je conservai l'enthousiasme qui m'animoit jusqu'à la Charité-sur-Loire. Arrivé dans cette ville , j'y tombai malade. Comme je n'aime pas à m'appesantir sur les heures de douleurs, je dirai seulement que, soit la révolution que m'avoit causée la mort de madame de Senneville, soit toute autre cause, je restai malade pendant les mois de juin et de juillet ; que, graces à la sequelle médicale , je dépensai quarante-trois de mes cinquante louis, je vendis mon cheval pour quinze louis, et que, vers le milieu d'août , je continuai mon voyage à pied avec vingt-deux louis pour toute fortune.

Il faisoit une chaleur extrême , les champs étoient couverts de mois sonneurs: ce fut ce jour qu'il m'arriva une aventure enivrante, une aventure dont le souvenir me fait encore tressaillir d'ivresse et de bonheur.

Il étoit midi, j'allois quitter la levée de la Loire, qui est entre la Charité et Nevers. Je gagnai doucement cette dernière ville, en admirant la délicieuse perspective que j'avois sous les yeux, et qui est, sans contredit, une des plus belles de la France : j'apperçus dans la vallée un gros bouquet de bois que paroissoit traverser une petite rivière que je voyois serpenter au loin et se jeter ensuite dans la Loire.

Il me prit envie d'aller m'y reposer une heure ou deux, et de laisser ainsi s'écouler la grande chaleur. Je m'achemine donc vers le petit bois; j'y arrive : en entrant, j'entends le bruit que faisoient la conversation et les éclats de rire de plusieurs jeunes filles. Curieux de savoir quel étoit le motif de cette conversation , je m'avance en silence , j'arrive derrière des buissons , et je vois sur le bord de la petite rivière , qui formoit en cet endroit une espèce de bassin , trois jeunes filles nues comme la main , et qui se préparoient à raffraichir leurs jeunes appas dans un bain que la saison rendoit aussi utile qu'agréable.

J'écartai doucement les branchages qui me déroboient la vue des causeuses : quel tableau délicieux ! le pinceau d'Albane n'a jamais rien produit d'aussi voluptueux. Les trois jeunes filles pouvoient avoir de dix-sept à dix-neuf ans ; l'une étoit blonde et les deux autres brunes. Elles causoient sur leurs charmes ; leur conversation m'a paru assez piquante pour mériter d'être rapportée dans ce véridique ouvrage. J'appris dans leur entretien qu'elles se nommoient Rose, Claire et Sophie.

CLAIRE.

Tu as beau dire, ma Sophie, tes tettons sont plus parfaits que les miens.

SOPHIE.

Tu te trompes, Claire; ma gorge

ne peut pas être comparée à la tienne : elle est un peu plus blanche, il est vrai, mais elle n'est pas aussi ferme ; le bouton de ton sein est d'un rose bien plus éclatant que le mien : d'ailleurs, faut-il vous l'avouer, mes bonnes amies, vous avez votre pucelage, et je n'ai plus le mien.

R O S E.

Moi je n'ai plus le mien non plus.

C L A I R E.

Moi j'ai le mien, mais je vous avoue que je voudrois bien en être débarrassée.

SOPHIE.

Qui a pu te donner ce desir?

CLAIRE.

C'est mon secret.

ROSE.

Dis-nous-le, ma bonne petite Claire.

SOPHIE.

Oui, confidence entière entre nous trois : pour commencer, je vais te conter l'histoire de la perte de mon pucelage.

Vous connoissez toutes deux monsieur le curé? Eh bien! c'est lui qui me l'a pris le jour de ma

première

première communion. J'étois parée
par les soins de ma mère; je me
rendis à l'église : ce fut là que je
me rappelai une des peccadilles de
mon enfance, que j'avois oubliées.
Je passai dans la sacristie, et je
fis prier le curé d'y venir; il me
fit dire d'aller chez lui par son jardin : j'y fus. Il s'enferma dans sa
chambre avec moi. Je lui avouai
le péché qui étoit revenu à ma
mémoire ; ce péché étoit qu'à dix
ans, étant un jour seule à la maison avec mon frère qui en avoit
onze alors , nous nous étions mis
tout nus pour voir la différence
qu'il y avoit entre nous. M. le curé
s'emporta contre ce péché qu'il ap-
peloit un inceste; il me dit qu'il

n'y avoit de rémission pour moi qu'en bénissant tous les endroits que la vue de mon frère avoit souil- lés, et que, pour cela faire, il fal- loit que je quittasse mes vêtemens : je le fis avec une parfaite innocence. Vous savez qu'il y a quatre ans, quoique je n'en eusse que quatorze, j'étois presque aussi formée que je le suis : pendant que je quittois mes habits, les yeux du curé s'en- flammoient à l'aspect de ma jeune gorge que j'avois alors dure comme du marbre. Je voulois garder ma chemise, mais il me la fit quitter : il me fit placer sur son lit, les cuisses écartées, et me dit qu'il alloit me faire l'imposition des mains : il les posa d'abord sur mes tettons, en feignant de marmotter quelques prières ; il en chatouilla légèrement le bout : les roses s'élevèrent sous ses doigts. Il promena ensuite ses mains bienheureuses sur mon ventre, sur mes cuisses ; il les arrêta sur ma fente, qui commençoit à se revêtir d'un joli poil blond, et son doigt agile commença à me branler d'une manière délicieuse. Peu faite à ce genre de caresses, j'eus bientôt perdu la tête, et je connus pour la première fois le bonheur de décharger.

Je fus rappelée à moi par de vives douleurs que je sentis à l'endroit même qui venoit de me faire éprouver tant de délices.

Monsieur le curé, profitant du

moment où je n'avois plus la tête à moi, avoit déboutonné sa culotte, en avoit tiré un membre d'une taille très-raisonnable, m'avoit placée à sa guise, et s'amusoit à me dépuceler pour me rappeler à la vie. Lorsque je revins à moi j'avois déja la moitié de son outil dans le corps, et, malgré mes gémissemens, il y logea le reste.

Cependant l'heure s'écouloit : monsieur le curé, après avoir tiré deux coups, me crut assez purifiée ; il me fit rhabiller, me recommanda le silence, et je fis ma première communion.

Je revis monsieur le curé ; il m'instruisit de tout ce que je devois savoir pour ne pas nous compromettre. Je lui pardonnai tout : il me le mit de nouveau ; j'y trouvai grand plaisir. Ma mère mourut il y a un an ; monsieur le curé me prit pour sa gouvernante : je couche tous les jours avec lui. Voilà mon histoire.

C L A I R E.

Et cela te fait-il toujours autant de mal ?

S O P H I E.

Je n'ai souffert que les deux ou trois premières fois ; mais depuis, je ne puis t'exprimer le plaisir que j'ai goûté.

C L A I R E.

Et toi, Rose, comment as-tu perdu le tien ?

C 3

ROSE.

La perte du mien est assez sin-
gulière ; on me l'a pris à l'âge de
dix ans.

CLAIRE.

De dix ans !

ROSE.

De dix ans ; et voici comment :
j'étois un jour aux champs, à l'âge
que je viens de vous dire, lorsqu'il
passa un jeune homme à cheval ;
ce cheval vit sans doute quelque
chose qui lui fit ombrage, car il se
cabra, et le cavalier tomba par
terre. Je courus à lui qu'il étoit
déjà à moitié relevé ; je lui demandai s'il n'étoit pas blessé, avec

tant d'intérêt, qu'il me prit dans ses bras et me donna plus de cent baisers sur les yeux et sur la bouche. Innocente comme je l'étois, je lui rendis ses caresses ; il mit la main sous mes petites jupes, me claqua légèrement les fesses et caressa mon ventre et mes cuisses.

Ces caresses lui firent sans doute beaucoup d'effet, car il défit sa culotte et me montra son affaire. Je trouvai cela très-drôle, et je me mis à jouer avec. Voulant sans doute que ce jeu prît une tournure plus sérieuse, il attacha son cheval à un arbre, me prit dans ses bras et me porta à l'entrée de la petite remise qui est dans le champ de Robert. Arrivés là, nous nous assîmes sur le gazon ; il se déb[r]ailla de nouveau, me fit empoigner son outil, remit sa main sous mes jupons et cha- touilla ma petite fente. J'y trouvai du plaisir et le lui dis : oubliant alors toute retenue, il mit de la salive à son affaire, en mit à l'en- trée de ma fente, me plaça sur le tronc d'un arbre renversé, et cher- cha le bonheur.

Les pièces étoient trop dispro- portionnées pour que la chose pût réussir sur-le-champ. Je criois d'une manière épouvantable : sans s'oc- cuper de mes cris qui ne pouvoient être entendus, il continua ses ef- forts, et, après dix minutes de tentatives inutiles, le serpent com- mença à pénétrer. Je souffrois si cruellement, que je m'évanouis : il n'en continua pas moins.

Il est probable que, lorsque son opération fut finie, il fut lui-même saisi de frayeur de l'atrocité de son attentat; car, revenue à moi, je ne le trouvai plus. Je sortis de la remise : quoique ma vue s'étendît fort loin, je ne découvris pas de quel côté il avoit dirigé ses pas.

Je me traînai plutôt que je ne revins chez nous; je contai tout à mon père et à ma mère : ils me visitèrent et me trouvèrent dans un état pitoyable ; mais, prudemment, ils gardèrent le silence. Je fis une longue maladie, et je ne me rétablis que par les soins extrêmes que l'on prit de moi.

Depuis ce tems j'ai eu les hommes en horreur : je me procure des jouissances moi-même ; mais je commence à en sentir le vide, et je ne suis plus aussi éloignée qu'autrefois de former une liaison avec quelqu'un qui me plairoit.

C L A I R E.

Ah ! ma bonne amie, que je te plains de ce que tu as soffert..... Ce que tu viens de raconter m'ôte une partie de l'envie que j'avois d'éprouver par moi-même ce que c'est que les plaisirs de l'amour.

S O P H I E.

Tu n'as à redouter que quelques instans de douleur, qui seront bien rachetés par des plaisirs dont il est impossible de te donner une idée.

R O S E.

Mais, ma Claire, tu nous dois une confidence ; notre confiance en toi mérite que tu y répondes par la tienne.

C L A I R E.

Je ne sais comment vous raconter ce que j'ai envie de vous dire.

S O P H I E.

Personne ne nous écoute et tes secrets seront ensevelis dans nos cœurs.

C L A I R E.

En ce cas, prêtez-moi toute votre

attention : hier, après dîné, me sentant une violente envie de dormir, et ne voulant pas être interrompue, je grimpai sur le foin de notre grange, persuadée qu'on ne viendroit pas m'y chercher. A peine commençois-je à m'assoupir, que j'entendis ouvrir la porte de la grange : je reconnus la voix de mon frère et celle de deux de ses camarades. Curieuse de savoir ce qu'ils venoient faire là, je m'avançai de manière à les voir parfaitement sans être apperçue.

Mon frère tira de sa poche une chanson qu'ils chantèrent, et à laquelle je ne compris pas grand' chose; ensuite ils déboutonnèrent leur culotte, et se montrèrent le

morceau

morceau de chair qui leur pend
entre les jambes. Chacun d'eux se
mit à secouer le sien , et en peu
d'instans ils devinrent roides comme
des bâtons. Je ne savois trop à
quoi devoit aboutir cette étrange
cérémonie, lorsque encore, quelques
instans après , ils eurent l'air de se
pâmer , et il tomba de leur machine
une liqueur blanche et épaisse.

Pendant ce tems-là , je ne sais
ce qui se passoit en moi ; mais je
sentois un feu intérieur qui me par-
couroit tout le corps ; je portai la
main à ma fente ; j'en chatouillai
le haut, et bientôt j'éprouvai une
pamoison complette.

Lorsque je revins à moi , j'étois
seule; les trois héros de la fête s'é-

toient retirés ; la scène qui venoit de se passer avoit fait disparoître mon envie de dormir. Je descendis, curieuse de savoir ce que c'étoit que la matière liquide que j'avois vu tomber de leur machine. Ils avoient eu l'attention de marcher dessus, de manière que je ne pus découvrir ce que c'étoit ; mais, en récompense, je trouvai un papier ; je l'ouvris : c'étoit la chanson qu'ils avoient chantée. Je vais vous la donner, et vous me direz si vous la comprenez mieux que moi.

En disant ces mots , Claire courut prendre la chanson dans sa poche et la remit à Sophie qui la chanta.

Air : *C'est un Enfant.*

Un jour Lucas dans la prairie ,
Où son bétail étoit paissant ,
Disoit à la jeune Sylvie :
Savez-vous bien, ma belle enfant,
Ce qu'une bergère
En tout tems préfère ,
A l'argent, à l'or, à l'esprit ?
C'est un gros vit. (*bis.*)

Hélène , votre camarade
Aime les femmes : c'est fort mal ;
Car, croyez-moi, d'une tribade
Tôt ou tard , le sort est fatal.
Ah ! répond Sylvie,
Je plains mon amie ;
Et je préfère pour outil
Un bon gros vit. (*bis.*)

Lucas pour ne pas être dupe
Va se mettre auprès du tendron :
Lestement relève sa jupe ,
Et lui met son vit dans le con.
La belle se pâme ,
Et du fond de l'ame ,
Tout en déchargeant , elle dit :
Vive un gros vit, (*bis.*)

Après cette chanson, les trois jeunes filles qu'elle avoit émoustillées se mirent à se branler Cependant leurs récits , et le tableau que j'avois sous les yeux, m'avoit mis hors de moi. Sans perdre un instant, je me dépouillai de tous mes vêtemens , et me mis nu comme notre premier père ; je cachai mes habits dans le buisson, qui me servoit de retraite. Ensuite je

m'élançai sur les trois jeunes beau‑
tés, comme l'agile panthère s'é‑
lance sur le faon timide.

Elles firent un cri de frayeur et
cherchèrent à s'échapper, mais je
m'étois emparé de la jolie Claire.
Je l'enlaçai dans mes bras amou‑
reux; je ravis mille et mille baisers
sur sa jolie bouche; je dévorai ses
tettons délicieux ; j'allois être plus
entreprenant , mais elle se mit à
crier, et je m'arrêtai. Ses com‑
pagnes qui s'étoient réfugiées à dix
pas de nous , attendoient en trem‑
blant la fin de l'évènement.

Mes belles , leur dis‑je , ne
craignez rien : je suis un étranger
que le hasard a conduit dans cet
endroit ; j'ai entendu toute votre

conversation , et il m'a pris envie d'apprendre à la jeune Claire ce que c'étoient que les plaisirs qu'on peut goûter avec un homme.

Mais si , faisant du bruit , vous attirez ici des indiscrets , je suis au fait de vos secrets , je les dévoile , et vous rends la fable de tout votre village.

A cette menace , Sophie et Rose se rapprochèrent ; je recommençai à caresser Claire , qui n'osa presque plus m'opposer de résistance ; je la couchai sur l'herbe , et prenant mes précautions pour lui faire le moins de mal possible , je commençai à l'enfiler.

Quelques plaintes lui échappèrent ; mais Sophie ayant passé sa

Elle se met à remuer le Croupion avec
une agilité inconcevable;

(45)

main entre moi , elle posa le
doigt sur son clitoris et . amusa à
la branler pour la faire taire.

La recette fut aussi prompte
qu'immanquable , à peine Claire
sentit-elle le doigt de son amie , que
loin de continuer à se plaindre, elle
se mit au contraire à remuer le
croupion, avec une agilité inconcevable ; bientôt je sentis que le
moment du bonheur n'étoit pas
éloigné pour moi ; de son côté ,
Claire commençoit à tourner de
l'œil : je redoublai mes efforts ;
et, en peu d'instans , nous restâmes
l'un et l'autre sans mouvement.

Pendant ce tems , la presque
vierge Rose se branloit à toute
éreinte. Ah ! me dit-elle , lors-

que je fus un peu remis, n'avez-
vous pas aussi quelque chose à me
dire. En disant ces mots, elle se
précipite sur la cheville qui venoit
de si bien instrumenter Claire, et
la couvre de baisers ; il eut bientôt
repris toute la fermeté nécessaire
pour un nouvel assaut. Je passe
donc auprès de la jolie et fraîche
Rose, et je me mets à la travailler
d'importance.

En vérité ! si Rose avoit été,
comme elle le disoit, violée à dix
ans, la plaie s'étoit bien refermée
depuis ce tems-là, car il n'y paroissoit pas : elle fut plus difficile à
vaincre que l'ex-pucelle Claire ; cependant, j'en vins à bout grace à
Sophie, qui rendit à Rose le même

service qu'elle avoit rendu à Claire; elle la branla, et le résultat fut le même. Rose ne fit plus que me seconder : nous déchargeâmes tous les deux, et je me retirai couvert des myrtes sanglans que l'amour aime à moissonner sur les terres de son frère.

Je ne voulus pas qu'il fût dit que Sophie seroit la seule qui ne seroit pas foutue, elle eut son tour. Je ne dirai rien des folies que nous fîmes avant de nous r'habiller; enfin, sur les deux heures et demie, nous apercevant que le jeu auquel nous avions joué nous avoit donné de l'appétit, chacun reprit ses vêtemens; non, sans que j'eusse prodigué un million de baisers à toutes les parties du corps de mes chastes compagnes.

Nous nous demandâmes réciproquement à quel endroit nous allions. Mes compagnes étoient toutes les trois d'un assez fort village, à un demi-quart de lieue de l'endroit où nous étions, et à travers lequel j'étois obligé de passer pour continuer ma route. Rose étoit la fille de l'aubergiste de l'endroit : je promis d'y loger pendant quelques jours, afin de pouvoir mettre la dernière main à l'éducation des jolis enfans, à qui je venois de donner des leçons si instructives.

Je pris les devans pour ne pas faire naître de soupçons : j'arrivai bientôt à l'auberge des *Trois Pu-*

celles , et je commandai un excellent dîner , que j'avois bien gagné.

Peu de momens après moi , arrivent mes trois conquêtes ; la cérise de la mi-juin n'a pas des couleurs plus éclatantes que celles qui embellissoient leurs jolis visages ; elles se plaignirent de la chaleur , demandèrent à se rafraîchir. Mad. Coulis , la mère de ma Rose , étoit une bonne femme dans toute l'étendue du terme ; elle plaignit les jeunes filles , les gronda de s'être si fort échauffées ; moi, pendant ce tems, je leur faisois, du plus grand sangfroid du monde , des complimens qu'elles ne pouvoient entendre sans éclater de rire , comme des folles.

Le père Coulis , qui étoit absent

pour la journée, avoit chez lui un violon discord, dont il racloit impitoyablement tous les dimanches après-midi au grand détriment des oreilles de ceux qui avoient le malheur de l'entendre. J'en jouois assez joliment ; je prends l'instrument, je l'accorde, et j'offre à ces demoiselles de les faire danser aussitôt après le dîner : elles acceptent ; nous dînions comme des affamés : on va ensuite prévenir quelques garçons, inviter quelques filles, et, en un tour de main, voilà un bal en train. Le bruit du violon attira de nouveaux spectateurs, et, une heure après la première contredanse, toute la jeunesse dansante du village sautoit sous le couvert

de

de tilleuls de M. Coulis , marchand de vin traiteur , logeant à pied et à cheval.

Parmi les beautés villageoises qui s'offrirent à ma vue , il y avoit des mines charmantes , à qui , en tête-à-tête , j'aurois bien fait danser une autre danse , et que j'aurois bien voulu tenir dans le petit bois aux bonnes fortunes.

Il étoit sept heures du soir ; on dansoit depuis quatre heures, quand des paysans annoncèrent le seigneur de l'endroit et son épouse. Je vois entrer un grand homme sec , tout couvert de broderies , donnant la main à une fort jolie femme. Je la regarde ! oh ! surprise...... cette femme... c'est Félicité !... cette Fé-

licité que j'ai laissée à Paris à l'hôpital.

A cette vue, le violon échappe
de mes mains, tombe par terre, et
je reste pétrifié, comme si j'eusse
été frappé de la tête de Méduse.

Félicité me reconnut aussi ; mais,
meilleure comédienne et plus maîtresse d'elle , sa figure ne changea
pas ; elle fut froide et calme, comme
si elle me voyoit pour la première
fois.

Cependant, la danse étoit interrompue , les paysans étonnés ou-
vroient de grands yeux , et ne pouvoient concevoir ce qui avoit occasionné ma stupéfaction. Je m'aperçus bientôt des inconvéniens que
pouvoit avoir ma mal-adroite ex-

tase ; je repris mon instrument et me remis à jouer comme auparavant , non sans jeter sur ma Félicité des regards qui sembloient lui demander ce que signifioit une aussi étrange métamorphose.

Félicité fut impassible : elle me regarda , mais sans avoir l'air de me connoître. A neuf heures, tout le monde se sépara , en me remerciant de ce bal im-promptu.

A peine fus-je seul , que je m'informai du nom du seigneur que j'avois entendu appeler M. le vicomte: on me dit que c'étoit le vicomte de Basseroche, dont le château étoit à l'autre bout du village. Je m'informai ensuite s'il y avoit long-tems qu'il étoit marié : il est marié de cet hiver, me dit-on, à Paris, avec une demoiselle d'une grande naissance ; et depuis un mois ils habitent le château dont il est venu faire prendre possession à Mad. la vicomtesse.....

La vicomtesse !.... me serois-je trompé ? ne seroit-ce pas Félicité ? C'est bien elle, cependant...c'est bien son grand œil noir, c'est bien ce joli signe que fait ressortir la blancheur de la peau de son cou ; c'est bien cette gorge haute, ferme et respirante, sur laquelle j'ai expiré tant de fois et avec tant de délices. Mais comment Félicité est-elle devenue haute et puissante dame ?.... Attendons que le tems nous dévoile le mot de l'énigme.

Le père de Rose arriva à neuf heures et demie ; il apprit avec joie le bal qui avoit eu lieu , et surtout la quantité de vin dont il avoit occasionné la vente. Je me mis à table avec ces bonnes gens , et après un très-bon souper , pendant lequel Rose me causa quelques distractions, je fus chercher , dans un excellent lit , un repos dont j'avois véritablement besoin.

Je croyois ne faire qu'un somme toute la nuit ; mais Rose en avoit décidé autrement : sur les deux heures du matin , elle entra dans ma chambre, et se fourra , sans cérémonie , dans mon lit ; je lui en voulus presque, car un songe heureux venoit de remettre Félicité dans mes bras : mais ma main n'eut pas plutôt parcouru cette gorge élas·tique, ces bras doux et potelés, ces cuisses d'une fermeté si rare, que mon courroux s'évanouit pour faire place à la reconnoissance.

Nous épuisâmes dans cette heureuse nuit tout ce que l'Arétin indique de postures bizarres ou voluptueuses ; nos lèvres desséchées par la fièvre du plaisir n'en trouvoient que plus de douceur à s'unir; nos corps enlacés ne pouvoient pas se détacher l'un de l'autre, et, pleins d'une fatigue délicieuse , nous nous endormîmes dans les bras l'un de l'autre.

Nous nous éveillâmes au grand

jour. Rose se leva doucement et regagna sa chambre.

Après le départ de ma compagne de nuit, je me remis à dormir sur nouveaux frais, et je ne fus réveillé qu'à dix heures par la voix de mon hôte, qui vint m'avertir qu'un des domestiques de M. le vicomte de Basseroche, demandoit à me parler, pour me remettre un billet de la part de son maître.

Je fus bientôt levé, je descendis; et un grand coquin haut de six pieds, revêtu d'une livrée brillante, me remit le billet suivant :

» Pardon, Monsieur, si je ne
» vous ai pas remarqué hier ; mais
» mes yeux ne pouvoient s'ar-
» rêter sur un ménétrier de village.

» Mon épouse qui s'y connoît, pré-
» tend avoir découvert sur votre
» figure les marques incontesta-
» bles d'une grande naissance. Si ,
» comme elle le soupçonne , vous
» êtes un homme comme il faut ,
» veuillez accepter un asile dans
» mon château , et croire que je
» m'empresserai de vous y pro-
» curer tous les agrémens qui se-
» ront en mon pouvoir. Dans le
» cas ou vous ne seriez qu'un rotu-
» rier , je vous baise les mains et
» vous souhaite un bon voyage.

» Le vicomte de BASSEROCHE,
» baron des Vieux-Grès ,
» marquis des Carrières, sei-
» gneur de Chaux-Vive et
» autres lieux. »

La lettre originale de M. le vicomte me fit rire ; je vis bien que c'étoit une ruse de Félicité pour m'avoir auprès d'elle ; aussi, voulant appuyer le stratagème de ma tant douce amie, je fis au galant billet du vicomte la réponse suivante :

» Je suis fâché, M. le vicomte,
» que la sagacité de votre épouse
» ait déchiré le voile dont je vou-
» lois m'envelopper : cependant,
» comme rien n'est plus désho-
» norant que d'être pris pour un
» roturier, j'accepte vos offres
» obligeantes, et j'irai dans peu
» d'heures vous en remercier moi-
» même.

» Le prince POLESKI. »

Je remis ce billet au domestique, et lui glissai un louis dans la
main. Stupéfait, il retourne deux
ou trois fois le louis, me regarde la
bouche béante, et sort en me faisant de profondes révérences ; mais
sans avoir retrouvé la force de me
remercier.

Me voilà donc prince polonais.
Dans la chambre de la mère Coulis,
qui est de plein pied avec la cui-
sine, je vois une vierge de plâtre,
qui est décorée d'une belle ceinture
de moire jaune à franges. Comme
je suis seul en ce moment je déta-
che la ceinture, je monte dans ma
chambre, je passe le ruban jaune
en sautoir, sous mon gilet, et je me
r'habille.

Au bout d'un quart-d'heure , une voiture à quatre chevaux s'arrête à la porte; quatre domestiques sont derrière; l'auberge retentit du nom du prince Poleski ; je suis invité à monter dans le carosse , je m'y place , et voilà l'Enfant du Bordel en route pour le château de Basse-Roche.

CHAPITRE VIII.

LE château du vicomte étoit vraiment fort beau : il m'attendoit sur le perron avec son épouse, et entouré de ses gens. Je ne parlerai pas de l'ennuyeux et ridicule cérémonial de la réception, qu'il suffise de savoir qu'on m'a établi dans le plus bel appartement du château. Le vicomte a vu mon cordon jaune et s'est incliné devant avec respect. Il est persuadé que je suis fils d'un des grands de la Pologne.

Une chose qui m'importoit infiniment plus, étoit de savoir comment il se faisoit que Félicité fût

dame

dame de paroisse ; et c'est ce dont je fus bientôt éclairci. Après un souper splendide , auxquels furent invités tous les gentilshommes du voisinage , on me permit de me retirer. Le vicomte me conduisit lui-même à mon appartement , m'en fit remarquer toutes les commodités, et m'y laissa en me souhaitant une bonne nuit.

J'aurois bien voulu connoître les êtres du château , j'aurois tâché de me glisser jusqu'auprès de Félicité ; mais il ne falloit pas commettre d'indiscrétion , et une étourderie pouvoit non-seulement me perdre , mais encore entraîner Félicité dans le précipice.

Il me paroît que Félicité avoit autant d'impatience que moi ; car , une jolie petite femme-de-chambre, sans doute la confidente de sa maîtresse , entra dans ma chambre et m'invita à la suivre ; je ne me fis pas prier , et, en peu d'instans, je fus dans la chambre et dans les bras de ma Félicité.

Enfin , me dit-elle , enfin te voilà mon Chérubin : je puis te presser sur mon cœur , et dis-moi donc, mon bien-aimé, ce qui t'est arrivé depuis notre séparation. La petite femme-de-chambre s'étoit discrètement retirée dans un des cabinets de l'appartement où étoit son lit. Au lieu de répondre à Félicité , je la prends dans mes bras : j'enlève une partie de ses vêtemens, je fais pleuvoir les baisers sur tous ses charmes , nos cœurs palpitent , nos bouches se joignent, nos langues s'unissent , un canapé complaisant nous reçoit , nous ne pouvons plus résister à nos desirs fougueux, l'acte s'opère , le plaisir brille , et nous restons sans connoissance dans les bras l'un de l'autre.

Revenus à nous, je répondis aux premières questions de Félicité , en lui racontant tout ce qui m'étoit arrivé depuis que j'avois été séparé d'elle. Ce récit la fit pamer de rire ; je lui demandai ensuite comment il se faisoit qu'une charmante coquine comme elle eût été transformée en une haute et puissante dame ; en un mot quelles étoient les aventures qui avoient métamorphosé ma Félilité en madame la vicomtesse de Basseroche. Je la priai de contenter ma curiosité, ce qu'elle fit en ces termes.

Histoire de Félicité.

Mon histoire est courte, mais assez originale. Je suis véritablement d'une grande naissance. J'appartiens à la famille de L. R., dans laquelle on compte des ducs. Née d'un gentilhomme de ce nom, mais peu fortunée, je fus élevée jusqu'à douze ans dans une des provinces reculées de la France. A cette époque, je commençois à sentir des besoins dont j'avois ignoré jusqu'à ce moment l'existence. J'étois grande et formée pour mon âge, et à douze ans tout le monde m'en donnoit quinze.

Un procès qu'avoit mon père, et de l'issue duquel dépendoit la majeure partie de ses biens, nous obligea, ma mère et moi , de nous rendre à Paris pour y solliciter nos juges.

Nous fûmes forcées, vu la pénurie des espèces , de nous y rendre par une voiture publique. Nous nous emballâmes donc dans le coche , dans lequel , outre différens voyageurs dont je ne parlerai pas , il y avoit un jeune capucin d'environ vingt-deux à vingt-trois ans ; le hasard me plaça près de lui , et il me parut , au contentement que je vis briller dans ses yeux , qu'il y trouvoit quelque plaisir. De mon côté, quoique très-innocente , j'admirois sa peau blanche, ses couleurs vives , sa barbe légère et bouclée avec grace , mais sur-tout cet œil expressif qui peignoit si bien les sensations de son ame.

Ma mère , pour se rajeunir, me traitoit toujours devant le monde comme un enfant , en dépit de certains petits tettons qui commençoient à devenir déjà très-apparens; elle dit à la société que je n'avois que dix ans : on se récria sur ma précocité; mais l'œil du jeune capucin me dit très-clairement qu'il ne croyoit rien au mensonge de ma mère.

Après le dîner , nous remontâmes en voiture ; nous étions dans la saison où les nuits sont les plus longues, de manière qu'à cinq heures nous fûmes dans les ténèbres. Je sentis bientôt la main de mon capucin qui cherchoit la mienne ; je la lui abandonnai , car à parler franchement, il m'avoit tourné la tête. Bientôt cette main indiscrète se promena sur ma poitrine en cherchant l'ouverture de mes vêtemens ; malheureusement... ou heureusement , je m'étois desserrée après le dîner , de manière que cette main libertine eut bientôt pénétré jusqu'à mes jolis petits tettons ; elle s'y promena longtems avec délice. Un des doigts de mon capucin chercha à faire éclore le léger bouton qu'un chatouillement amoureux n'avoit point encore agité. Comment te peindre la sensation que j'éprouvai ? elle fut enivrante.

Cependant le séraphique personnage s'étoit emparé d'une de mes mains qu'il cherchoit à introduire par la fente de sa robe ; bientôt il la déposa sur un gros morceau de chair exactement roide ; car le révérend capucin bandoit comme un carme.

Je ne sais quelle espèce de charme résidoit dans le membre de l'enfant de Saint - François ; mais à peine ma main eût-elle empoigné ce talisman qu'il me fut impossible de le lâcher, et de m'opposer aux entreprises du révérend.

On causoit dans la voiture avec assez de véhémence, de manière que l'attention des voyageurs, fixée par une conversation, sans doute intéressante , nous laissoit une liberté entière.

La main du capucin qui, jusqu'à ce moment s'étoit promenée sur ma jeune gorge, quitta ce poste charmant ; mais pour s'emparer d'un autre bien plus agréable ; je la sentis qui cherchoit à s'introduire dans la fente de mon jupon ; j'opposai une foible résistance qu'elle eût bientôt vaincue ; elle releva ma chemise, se glissa le long de mes cuisses et s'empara de ce bijou précieux qu'aucune main n'avoit encore visité, et qui , depuis quelques mois, s'étoit revêtu d'un poil léger, qui avoit beaucoup d'analogie avec la barbe du jeune moine.

Bientôt un doigt agile se fixa sur

mon jeune clitoris, et me fit goûter un plaisir qui m'avoit été inconnu jusqu'à ce moment ; mais ces plaisirs furent si vifs qu'après plusieurs soupirs énergiques, que le capucin eût beaucoup de peine à étouffer, en toussant d'une voix de Stentor, ma tête s'appuya sur son épaule, et je restai sans connoissance. C'est ainsi que je connus le bonheur, et que je déchargeai pour la première fois.

Ma main cependant n'avoit pas quitté le ferme outil de son excellence cloîtrée : il avoit acquis une roideur extrême. Il n'étoit pas extrêmement gros, mais il avoit cet honnête embonpoint qui convenoit si fort à une fille de mon âge. De tems à autre sa révérence aidoit ma main à aller et venir en tenant son affaire : j'en conjecturai que ce mouvement lui faisoit plaisir , je continuai à suivre l'impulsion qui m'avoit été donnée. Bientôt mon capucin soupira à son tour , il fut agité de mouvemens convulsifs , et je sentis mes doigts inondés d'une liqueur chaude et gluante qui jaillit de ce membre sacré.

Nous répétâmes deux fois ce joli exercice ; à la seconde fois , frère Ange , car il se nommoit ainsi ; frère Ange , dis - je , voulut faire entrer son doigt dans ma petite fente ; mais un cri de douleur que je retins lui prouva que j'étois pu-

celle, et il ne poussa pas ses recher-
ches plus loin.

Nous arrivâmes au souper, ma mère
fut frappée de ma situation; j'avois
les joues pourpres, l'œil abattu,
la respiration gênée ; une violente
migraine que je prétextai, me
servit d'excuse. Un vieux carabin
de village, de ceux qui soignent
également la santé des bêtes et
celle des gens, me tâta le pouls;
il décida que j'avois une fièvre
violente, qu'il falloit me mettre
au lit sur-le-champ, et que le repos
calmeroit mon agitation ; il exprima
ma maladie par ces mots latins
qu'il débita avec emphase : *Proxi-
mus pubertatis index.*

On me force donc à me cou-
cher

cher malgré l'appétit dévorant que je ressentois. Pendant ce tems, frère Ange étoit dans un coin à dire son breviaire avec la tranquillité d'un élu ; il s'avança au moment où j'allois sortir, m'adressa d'un air de componction quelques paroles de consolation sur ma mauvaise santé, et sur les vœux qu'il faisoit au ciel pour son prompt rétablissement. Ma mère, aidée de la servante, me mit au lit : malgré l'appétit dévorant que je ressentois, je ne tardai pas à être ensevelie dans le plus profond sommeil.

Je fus réveillée par la servante qui m'apportoit un bouillon. Je la conjurai avec tant d'instances de m'apporter quelque nourriture plus solide, qu'elle fut dire à ma mère que je me mourois de faim. L'escu- lape villageois monta, et malgré son opposition , j'obtins qu'on me laisseroit manger la moitié d'un pigeon que ma mère promit de m'envoyer sur-le-champ.

Le pigeon fut mangé tout en- tier ; ensuite un sommeil répara- teur acheva de me rendre mes forces ; et au grand étonnement du médecin de campagne , et en dépit de ses prédictions , je me levai le lendemain plus fraîche et plus jolie que jamais.

Pendant les quatre jours que dura le voyage, les mains aima- bles de frère Ange me firent goûter les plaisirs dont elles étoient les instrumens et les dispensatrices. Nous devions nous séparer le soir, il alloit rejoindre le couvent des capucins à Soissons, où il faisoit sa résidence. A cinq heures de l'après-midi, nous devions passer devant un chemin de traverse que frère Ange devoit prendre pour se rendre à sa destination.

Nous avions une montagne d'une demi-lieue à monter, tout le monde avoit quitté la voiture pour l'alléger; j'étois restée seule dedans avec le frère Ange, moi parce que nos exercices manuels m'avoient pâlie et changée, et que ma mère craignant que la fatigue ne me fit tomber malade, avoit exigé que j'y restasse; le révérend, parce que la veille un des chevaux de notre lourde voiture avoit mis son pied sur le sien, et que sans être extrêmement blessé, le frère Ange l'étoit assez pour ne marcher qu'avec difficulté.

Je vais donc être obligé de vous quitter, me dit-il d'un ton douloureux. -- Hélas! j'en suis aussi chagrine que vous. --- Aimable Félicité, je regretterai long-tems les doux momens que j'eus avec vous. -- Et moi les plaisirs que vous m'avez fait connoître. --- Que vais-je devenir? car il n'est plus tems de dissimuler, je vous adore. Le premier battement de mon cœur fut pour vous, et pour vous sera le dernier; je sens qu'éloigné de de vous, une prompte mort me délivrera du malheur de ne pouvoir vous consacrer mon existence. A ces mots quelques larmes coulèrent de ses yeux; il n'y a donc plus d'espérance, repris-je. -- Plus d'espérance. --- Il n'existe pas de moyens de nous réunir. --- J'en connois bien un; mais il y a si peu d'apparence que vous consentiez à vous en servir, qu'il est presqu'inutile de vous le proposer. --- Quel est-il? --- Ah! pourquoi faut-il que des sermens criminels, arrachés à mon inexpérience, me coûtent le bonheur.---Voyons votre moyen. --- Sans ces sermens affreux, sans ces sermens que je déteste, j'aurois pu vous consacrer chaque instant de ma vie. --- Mais enfin quel est votre moyen pour nous réunir ? --- Avant de vous le dire , permettez-moi une question. —Parlez.—Etes-vous bien attachée à votre mère ? — Pas d'une manière excessive , tant que je n'ai été qu'un enfant elle m'a témoigné beaucoup d'amitié ; mais depuis que je grandis , elle est sévère pour moi jusqu'à la dureté. — Et votre père ? — Mon père ? Ah !.... c'est un bon homme, et voilà tout. — Et...... je n'ose achever ! — Expliquez - vous , de grace ? — Ne consentiriez-vous pas à la quitter pour suivre l'amant le plus tendre ? — Qu'osez - vous me proposer ?.....

Que te dirai - je ? enfin, le frère

Ange sut si bien me tourner qu'il m'arracha un consentement, et que je lui promis de n'exister désormais que pour lui.

Il me donna mes instructions; il devoit, pour éviter tous soupçons, nous quitter où il avoit annoncé, qu'étoit le terme de son voyage. Moi je devois suivre ma mère à Paris, et le lendemain de mon arrivée me rendre seule, le matin, chez une certaine dame Grosset, marchande à la toilette, rue Neuve-Saint - Eustache , près le petit Carreau. Cette dame Grosset devoit me donner les moyens de le rejoindre.

Je ne puis t'exprimer son délire lorsque tous nos arrangemens furent

pris , les caresses les plus brû-
lantes me furent prodiguées ; c'est
à cette occasion que je connus la
douceur d'un baiser sur la bouche ,
et le plaisir que fait éprouver
l'union de deux langues amoureuses.

L'aimable frère Ange auroit bien
voulu me prendre mon pucelage
sur-le-champ ; mais une voiture publique est un endroit trop incom-
mode pour une opération de cette
nature.

Il se contenta donc de me faire
éprouver un genre de jouissance,
nouveau pour moi ; il me fit avancer
le cul sur le bord du siège , me
troussa, me fit mettre les pieds sur
les sièges des portières , les genoux

Il est impossible de peindre l'incendie que
ce genre de Caresse alluma dans tout mon être.

élevés et les cuisses dans le plus grand écartement possible. Après avoir pendant quelques instans récréé ses yeux du spectacle de mes appas naissans, il se glissa entre mes jambes, s'agenouilla, et sa langue s'introduisit dans le sanctuaire de l'amour.

Non, il est impossible de peindre l'incendie que ce genre de caresses alluma dans tout mon être. Je remuois le croupion avec tant d'agilité qu'il étoit obligé de me tenir fortement les hanches pour m'empêcher de me dérober aux caresses de la délicieuse langue dont mon amant tonsuré savoit faire un si charmant usage.

Nous rajustâmes ensuite nos vêtemens, et lorsque les voyageurs remontèrent dans la voiture, frère Jean lisoit dans un coin, et je dormois dans l'autre. Bref, frère Jean nous quitta le soir, et le lendemain nous arrivâmes à Paris.

Je te fais grace des réflexions aimables ou chagrines que je fis pendant tout ce tems sur ma réunion prochaine avec mon capucin; vingt fois je fus sur le point d'y renoncer; mais le souvenir de ses enivrantes caresses étoit un lien qui m'attachoit à lui, et qu'il m'étoit impossible de rompre; d'ailleurs, je sentois que ces caresses étoient, sans que je m'en apperçusse, devenues un besoin pour moi, et le vide que laissoit dans mon cœur le départ du frère Jean , me faisoit sentir combien sa présence m'étoit nécessaire.

Je pris donc le parti de tenir ma promesse , et le lendemain de mon arrivée, tandis que ma mère étoit allée rendre quelques visites, et renouveler connoissance avec quelques-unes de ses anciennes amies, je me rendis chez madame Grosset. Je ne te ferai point le portrait de cette femme , le vice personnifié n'est pas plus laid qu'elle.

Elle occupoit une boutique de revendeuse ; deux ou trois filles assez gentilles paroissoient s'y occuper de modes ; mais leur véritable métier éloit de donner au public du plaisir pour son argent.

Je demandai timidement à cette femme si elle n'attendoit pas une jeune personne. Oui, me dit-elle, entrez, mon cœur ; et elle me fit passer dans une arrière-boutique, que décoroient deux ou trois lits assez mal-propres. Le frère Ange m'a instruit de tout, me dit madame Grosset, dès que nous fûmes assis ; vos habits sont prêts, vous allez les essayer. Votre place est retenue à la diligence de Soissons, vous partirez cette après-midi, à quatre heures, avec une lettre que je vous donnerai pour le révérend père gardien du couvent des capucins de cette ville.

ville. Mais , lui dis-je , madame,
quels habits allez vous me donner ?
et sous quel titre m'envoyez-vous à
Soissons? Comme enfant de chœur,
mon cœur, me dit la vieille ma-
querelle ; et à l'instant même elle
m'exhiba bas , culotte, veste violette , redingotte de même couleur
et le reste de l'ajustement. Dans un
paquet , elle mit deux soutanes ,
une noire et une violette, du linge ,
des bas, souliers , etc. Le tout
étoit un peu trop long et un
peu trop large; mais il étoit à
présumer que je grandirois. Madame Grosset vouloit aussi me faire
couper les cheveux en abbé : comme
je les avois fort beaux je m'y opposai;elle fut obligée de me choisir une

des perruques de son magasin ; on la taille : je la mets, et me voilà enfant de chœur.

Je dînai avec madame Grosset, et, à quatre heures, je m'embarquai dans la diligence. Il n'y avoit que quatre voyageurs : une marchande de draps , grosse femme de 45 ans , assez joviale ; son fils grand benêt de 22 ans, aussi neuf et aussi fat que s'il eût pris naissance dans un des magasins de la rue Saint-Denis ; enfin , une allemande , comédienne de profession , nommée mademoiselle Claranson , qui, malgré son accent, alloit chanter les Dugazons dans la bonne ville de Soissons , où les habitans sont connoisseurs comme on ne l'est pas, et ont un théâtre comme on n'en voit nulle part.

Nous devions passer la nuit en diligence et arriver le lendemain, à onze heures, à notre destination. La nuit se passa assez tranquillement, à l'exception de différentes attaques que dirigea mademoiselle Claranson, contre ma pudicité, soit en prenant ma main comme par hasard, soit en posant la sienne sur ma cuisse, et en l'y promenant doucement, soit enfin en profitant d'un sommeil de commande pour poser sa tête sur mon épaule, et fixer une bouche assez fraîche à deux doigts de la mienne ; mais je résistai à toutes ses agaceries ; et

H 2

Joseph, de chaste mémoire, ne sortit pas plus pur des bras de madame Putiphar, que moi des pièges de la comédienne allemande, qui disoit si galamment, au lieu de *voulez - vous bien*, *foutre vous bien*.

Un petit accident nous retarda de quelques heures ; nos postillons qui avoient bu plus que l'ordonnance ne le permettoit, versèrent la diligence dans un fossé. Les deux femmes, qui crurent être tuées, firent des cris affreux, et cependant elles en furent quittes pour montrer leurs culs ; le grand benêt se cassa le nez sur l'épaule de sa maman ; j'eus une écorchure à la jambe. Les postillons, après avoir bien juré, furent chercher du secours ; on releva la lourde voiture ; elle roula de nouveau , et, à trois heures après-midi , nous fîmes notre entrée triomphante dans la ville de Soissons.

CHAPITRE IX.

LE gardien des capucins m'admit sans difficulté : je fis porter mes effets au couvent, et l'on m'installa dans l'emploi récréatif de servir les messes et d'aider les révérends pères à chanter tant bien que mal leurs offices.

Ce ne fut que le soir du jour de mon arrivée que je pus voir le frère ange : il étoit revêtu de l'emploi lucratif de quêteur ; et comme il avoit l'art d'attirer à lui des aumônes abondantes, il jouissoit dans le couvent d'une haute réputation.

A peine fus-je couché que frère

Ange , que je n'avois fait qu'entre-
voir dans la soirée , vint frapper à
la porte de mon modeste appartement ; je lui ouvre , et nous voilà
dans les bras l'un de l'autre. Le
lierre ne s'unit pas plus étroitement
à l'ormeau que je m'attachai à
l'homme pour qui je venois faire
la plus insigne folie. Il faisoit pleuvoir une grêle de baisers sur tous
mes charmes ; sentant que bientôt
il ne seroit plus maître de ses transports , il m'invita à le suivre dans
sa cellule , située d'une manière
beaucoup plus isolée que la mienne.
En effet , elle étoit au bout d'un
long corridor, dont un côté étoit
occupé par un garde-meuble et
l'autre par la salle du chapitre.

A peine fûmes-nous arrivés que frère Ange me prit dans ses bras et me porta sur la couche capucinale. En peu d'instans il fut à mes côtés, et je sentis la peau douce et fraîche de mon amant s'unir à la mienne, mes mains tremblantes parcoururent toutes les parties de son corps. Les siennes s'emparèrent du mien; mes petits tettons, mes bras, mon ventre, mes cuisses, tout fut dévoré de caresses et de baisers. Sa langue, cette langue délicieuse, s'introduisit dans ma grotte, et y ralluma ces desirs brûlans qu'elle m'avoit déjà fait éprouver dans la diligence.

Nous éprouvâmes bientôt tous deux le besoin de nous unir plus étroitement encore. Frère Ange, dont ma main n'avoit pas quitté le roide outil, se coucha sur moi, et se mit en devoir de m'enfiler; mais, quoique frère Ange ne fût pas taillé d'une manière gigantesque, j'étois si jeune que les parties étoient vraiment disproportionnées.

Cependant, frère Ange ne vouloit pas en avoir le démenti, aussi le très-cher frère poussoit-il comme un enragé; j'eus toutes les peines du monde à m'empêcher de jeter les hauts cris. Le drap ployé en quatre que j'avois mis dans ma bouche, fut coupé par mes dents, enfin un dernier et vigoureux coup de cul de mon amant acheva la besogne et logea son outil tout entier dans mon corps.

Si quelque chose peut dégoûter une femme des plaisirs amoureux , c'est sans contredit ce qu'elle souffre en perdant son pucelage ; mais aussi combien elle est dédommagée de quelques instans de douleur par les plaisirs sans nombre qui les suivent. Le reste de la nuit fut employé à la même besogne : je souffris beaucoup moins et j'eus même sur le matin un éclair de bonheur. Nous nous étions endormis l'un et l'autre : il se réveilla avant moi , et profitant de mon profond sommeil , il voulut me procurer un moment de jouissance ; il me branla donc assez fort pour produire l'effet qu'il en atten-

(91)

doit , et assez doucement pour ne pas détruire mon sommeil. J'étois en ce moment sous l'empire d'un songe heureux, je rêvois que j'étois dans les bras de frère Ange , absolument nu ; mais il étoit encore plus digne de son nom , car des ailes brillantes sortoient de ses épaules. Ce bel ange m'enfiloit , et le plaisir fut si vif que je m'éveillai en déchargeant.

Mon amant vouloit encore me donner une preuve de sa vigueur ; mais j'étois si fatiguée, si souffrante que je le refusai absolument et je regagnai mon lit , où je me disposois à dormir un bon sommeil, lorsque le point du jour et le premier coup de cloche, me forcèrent

à me lever pour commencer les au-
gustes fonctions dont j'étois revètue.

Deux mois s'écoulèrent dans un
bonheur sans mèlange. A cette époque, le gardien reçut une lettre de
Paris, après la lecture de laquelle le
chapitre fut assemblé. Frère Ange,
depuis sa liaison avec moi, avoit
soin d'examiner avec attention tout
ce qui se passoit d'extraordinaire
dans le couvent : il sut aussitôt la
convocation du chapitre, auquel il
n'étoit point admis, parce qu'il n'é-
toit que frère. Il se rendit dans sa
cellule qui, comme je l'ai dit, étoit
adossée à la salle du chapitre. La
curiosité lui avoit fait depuis long-
tems pratiquer une ouverture im-
perceptible pour tout autre que

pour

pour lui ; il fut donc se mettre aux écoutes , et entendit avec effroi qu'il étoit question de moi , et que le secret de mon sexe étoit décou-- vert.

Il paroît que madame Grosset la revendeuse à la toilette de la rue Neuve-Saint-Eustache n'avoit pas été discrète , et que , dans un accès de bavardage , elle avoit conté notre histoire à quelques-unes de ses pra- tiques , et que ces mauvais plaisans avoient trouvé divertissant d'écrire au gardien que l'enfant de chœur , connu sous le nom d'Alexis, étoit une fort jolie femme , destinée aux plaisirs de la communauté.

Frère Ange , après avoir écouté la lecture, voyant qu'il n'étoit pas

Tome II.   I

question de lui , et que les soupçons des révérends ne l'atteignoient pas non plus, il se dépêcha de venir me trouver pour m'apprendre notre mésaventure.

J'étois dans la sacristie à arranger les ornemens de l'église pour les fêtes de Pâques : il me conta tout cela avec précipitation , me remit quelques louis , et une lettre pour une dame de Soissons , à laquelle vraisemblablement il pouvoit confier de semblables aventures, et m'engagea à m'y rendre sur-le-champ. Je sentois le danger , je ne me le fis pas répéter deux fois ; en deux sauts me voilà dans la rue , et en quatre enjambées chez la dame protectrice des amans découverts.

Après avoir lu la lettre, elle me dit d'être parfaitement tranquille, et qu'il ne m'arriveroit rien chez elle ; que, d'ailleurs, elle alloit, d'après les ordres qu'elle avoit reçus, travailler à ma métamorphose.

Elle sortit et me laissa seule pendant environ une demi-heure ; elle revint avec un paquet de hardes de femmes de différentes tailles : je les essayai et m'en tins à un ajustement de grisette fort joli et parfaitement bien fait.

Cette femme étant une des pourvoyeuses du sérail de Mad. D....y, elle me proposa de m'y faire recevoir. Que faire ? je ne pouvois plus vivre avec mon capucin, je ne pouvois plus retourner chez mes parens, j'étois sans ressource, j'acceptai.

Je fus donc envoyée à Mad. D...y, chez laquelle je restai jusqu'au moment où la folie, qui me passa par la tête, nous fit mettre à la porte, à la suite de quoi nous fûmes mis tous les deux à l'hôpital.

Tu sais ce qui nous y arriva, tu sais de quelle manière tu en sortis; mais ce que tu ne sais pas, c'est le chagrin que me causa ton départ; ce que tu ne connois pas, ce sont les évènemens qui m'ont tirée de ce lieu de douleur.

Douze jours s'étoient écoulés depuis ton départ; le désespoir le plus profond s'étoit emparé de mon ame. Mes idées ne rouloient que sur les moyens à employer pour abréger des jours qui m'étoient odieux , lorsqu'un cardinal allié de ma famille , et portant le même nom que mon père , vint visiter la maison. Je ne puis te dire ce que j'éprouvai à cette nouvelle , lorsque j'entendis dire que monseigneur le cardinal de L. R. devoit venir dans la matinée.

J'étois cependant si malheureuse que je ne balançai pas à m'ouvrir à lui. Il arriva donc ; je me jetai à ses pieds pour lui demander un entretien particulier, où je promis de lui révéler des choses qui l'intéresseroient vivement. Il me l'accorda ; nous passâmes chez la supérieure : je lui dévoilai tout, et ne lui cachai que le nom du couvent où restoit mon séducteur.

Jugez de l'étonnement du bon prélat, en trouvant sa cousine dans une des prostituées, condamnées à une juste détention. Sans cependant révéler ce que je venois de lui apprendre, il recommanda à la supérieure d'avoir le plus grand soin de moi jusqu'au moment où il m'enverroit prendre le lendemain avec mon ordre de sortie.

Après son départ, la supérieure me questionna sur le genre de mes liaisons avec le cardinal de L. R. Je refusai de contenter sa curiosité. Cette femme orgueilleuse auroit bien voulu me punir de ma réserve; mais la protection spéciale que m'avoit accordée le cardinal et les soins qu'il avoit recommandés qu'on eût de moi lui en imposoient.

Le lendemain, une voiture arriva, et avec elle une dame d'environ cinquante ans, à qui un chevalier de Saint-Louis donnoit la main ; j'ai su depuis que cet homme étoit le premier écuyer du cardinal, qu'il avoit toute sa confiance et qu'il en étoit digne.

Le cardinal ne s'étoit ouvert qu'à lui sur l'état déplorable où il avoit trouvé sa parente. L'écuyer avoit invité la dame, avec laquelle il étoit, à lui aider à faire une bonne action, sans cependant lui dire qui j'étois. Cette personne, qui est une des dames de Charité de Saint-Sulpice avoit consenti à me prendre chez elle , jusqu'à ce qu'on ait pu me faire habiller décemment.

Pour ne pas t'ennuyer, je te dirai en peu de mots que je fus mise au couvent de Pantemont, sous le nom de mademoiselle de L. R. ; qu'après un séjour de deux mois , pendant lequel le cardinal m'avoit rendu de fréquentes visites , il me présenta le vicomte de Basseroche , comme l'époux que ma famille me destinoit. Je consentis à l'épouser pour être libre. Le cardinal bénit lui-même notre union. Je trouvai dans mon époux , qu'une forte dot et un grand nom rendoient très-respectueux à mon égard, un original assez ridicule, mais cependant bon diable , et dont je faïs à-peu-près tout ce que je veux. Me voilà grande dame ; mais mon cœur me dit que , si ma famille me donne la fortune et l'illustration , Chérubin seul peut me donner le bonheur.

Je ne pouvois remercier Félicité qu'en la foutant , aussi la foutois-je de toutes mes forces. Mes facultés sembloient se centupler pour lui donner des preuves de ma tendresse, et nouvel Anthée je retrouvois mes forces épuisées , en touchant cette terre de délices.

Le lendemain et les jours suivans , tous les plaisirs me furent prodigués par le vicomte de Basseroche , qui me croyoit toujours le prince Poleski. J'allois de tems en tems dans la voiture du vicomte rendre visite au père Coulis ; et Rose , malgré ma dignité postiche , me revoyoit toujours avec un nouveau plaisir. Quelquefois elle se rendoit au petit bois avec ses deux amies. Je m'y trouvois de mon côté, et nous y passions des momens toujours trop courts ; les nuits étoient consacrées à Félicité , que le très-cher vicomte n'importunoit pas beaucoup pour les devoirs conjugaux.

Un mois s'écoula de la sorte , et peut-être serois-je encore au château de Basseroche sans un évènement qui me força de le quitter d'une manière un peu brusque.

Un soir que le souper avoit été prolongé assez avant dans la nuit, je me retirai dans ma chambre, étourdi par les vapeurs du vin de Champagne. Je voulus aller rejoindre ma Félicité ; l'appartement du vicomte étoit un étage au-dessous de celui de sa femme, et l'intérieur en étoit distribué de même. Dans mon ivresse, je prends une porte pour l'autre, et me voilà chez M. de Basseroche. Les vapeurs bachiques m'empêchent de m'apercevoir de mon erreur ; je quitte le peu de vêtemens que j'ai sur moi, et je me mets dans le lit du vicomte, à ses côtés. Je l'embrasse tendrement ; je le nomme ma chère Félicité. Je le remercie des plaisirs inappréciables dont elle m'avoit enivrée depuis mon séjour dans le château. Je lâche sur-tout des sarcasmes amers sur le mari bénin , qui accueilloit avec autant d'amabilité , sous le nom d'un prince imaginaire , l'amant de sa femme.

Le vicomte , à cette déclaration , s'arrache de mes bras , s'élance du lit et saute sur ses pistolets ; l'effroi que me cause la présence inattendue de M. de Basseroche chasse les vapeurs vineuses qui troubloient ma tête. Je sens toute l'étendue des dangers que je cours : je m'élance vers la fenêtre , qui n'est qu'à six pieds du sol. Je l'ouvre , je saute , et me voilà à arpenter le jardin de toute la vitesse de mes jambes. Le vicomte tire deux coups de pistolet sur moi et ne m'attrappe pas ; les chiens aboient ;

aboient ; la maison est en mouvement ; il faut fuir ou périr.

J'arrive au bout du jardin : un treillage me sert d'échelle. Quoique je sois en chemise , sans bas ni souliers, je grimpe rapidement ; le devant de ma chemise s'accroche ; je veux vainement la dégager : je tire , elle se déchire ; le pan de devant reste après le treillage ; j'atteins le haut du mur ; de grands arbres sont derrière ; je saisis une branche , je me laisse tomber. Cette branche me conduit sans danger jusqu'à terre , et sans m'arrêter je me mets à fuir à travers les champs.

Après un quart de lieue, dans les terres labourées, parcouru avec la rapidité d'un homme qui fuit la mort, je m'arrêtai un instant pour réfléchir sur le parti que j'avois à prendre ; deux heures sonnoient aux horloges des villages environnans. J'étois nu, et le devant de ma chemise arraché jusqu'au milieu de mon ventre. Point d'habits, point d'argent, la perspective n'étoit pas brillante.

Je me déterminai à continuer ma route, quitte pour dire au premier endroit que j'avois été dépouillé par des voleurs. Je trouvai bientôt un chemin de traverse, et je le suivis ; le jour commença à poindre à trois heures et demie, et j'aperçus à deux cents pas de moi la porte d'un couvent ; la cloche sonnoit pour les matines : je frappai. Une voix de Sten-

tor demanda qui est là. Ouvrez ,
dis-je , par humanité. — Qui êtes-
vous. — Un infortuné ! que des voleurs ont dépouillé. La porte s'en-
tr'ouvrit , et un capucin me fit
entrer.

Le gardien averti arriva. Je l'entendis nommer le révérendissime
père Ange. Ne seroit-ce pas, me de-
mandai- je à moi-même, le premier
amant de ma Félicité. Je lui demandai un entretien particulier.
Lorsque nous fûmes seuls, je lui dis;
mon révérend père , n'avez-vous pas
connu autrefois une jeune personne,
nommée Félicité de L. R. ?... Le
gardien pâlit à cette demande. Rassurez-vous, lui dis-je , je suis son
ami, et il ne tiendra pas à moi que

je ne sois le vôtre. — Qui vous a dit?... — Elle-même. Je la quitte il y a peu d'heures, elle m'a conté votre histoire? — Vous la quittez dans cet équipage. — C'est par la suite d'un évènement que je vais vous raconter.

Je fis part au père Ange des évènemens qui avoient fait de Félicité madame la vicomtesse de Basseroche, et de l'aventure malheureuse qui m'avoit forcé de me sauver du château. Le gardien étoit émerveillé de tout cela, il se rappeloit la perfection des appas qu'il avoit autrefois palpés, et l'espoir d'en tirer encore parti faisoit briller ses yeux de luxure.

Je ne puis, me dit-il, vous donner

les vêtemens qui vous manquent ; car ces vêtemens ne sont point à notre usage ; nous ne portons n'y bas , ni souliers , ni culotte , ni chemise : tout ce que je puis faire , c'est de vous prêter un manteau de capucin et des sandales. Voici un louis , c'est la seule somme dont je puisse disposer. Au premier village vous acheterez quelques habits. Je me charge de vous faire rendre tout ce qui vous appartient par M. le vicomte de Basseroche , chez lequel j'irai exprès ce matin ; je les ferai passer chez nos frères de Moulins. Aussitôt que vous serez arrivé dans cette ville , vous irez au couvent des capucins , vous y prendrez vos effets , et vous leur remettrez le

manteau que je consens à vous confier. Cet arrangement vous con-
vient-il?

Je remerciai vivement le père
Ange de ses bontés pour moi, et,
après un déjeûner meilleur que ne
l'est ordinairement la pitance capucinale, je le quittai revêtu du manteau bienheureux, des séraphiques
sandales et un louis dans la main.

Cinq heures venoient de sonner,
je voyois de loin un village ; je co-
toyois le mur d'un jardin qui, vraisemblablement, étoit celui de la maison seigneuriale. Je suivois ce mur
depuis environ dix minutes, lorsque j'arrivai à un angle formé par
un pavillon élégant ; prêt à continuer mon chemin, une voix

Vous le voyez Madame..

fraîche et mélodieuse que j'entends, me fait tourner le coin du mur pour voir d'où partoit cette voix.

J'apperçois à une des fenêtres du pavillon une femme d'environ 24 ans, fraîche comme la rose, et dans le désordre d'une personne qui sort de son lit ; sa chemise non attachée laissoit voir une épaule, la majeure partie d'un bras, et une paire de tettons comme on en rencontre peu.

Cette jeune femme, surprise de me voir les jambes nues et en manteau de capucin, fit un petit cri de frayeur. Rassurez-vous, madame lui dis-je, je ne suis pas un méchant. Mes ennemis m'ont réduit à cet état. Heureux encore qu'un religieux charitable m'a prêté le manteau pour couvrir ma nudité. — Quoi! vous êtes nu sous ce manteau. — Vous le voyez, madame. Alors j'ouvris le manteau. Mon outil, que la vue des tettons de la jolie femme avoit fait roidir, fut la première chose qui frappa ses regards. Ah ! pauvre malheureux ! tenez, voici une clef pour ouvrir la petite porte verte, je vais à votre secours. Elle me jette la clef. J'ouvre la porte, et me voilà dans le jardin.

CHAPITRÉ X ET DERNIER.

LA jeune femme fut bientôt auprès de moi : elle me conduisit dans le pavillon dont elle sortoit ; elle étoit si empressée de remplir les devoirs de l'hospitalité, qu'elle n'avoit pas encore songé à réparer le désordre de sa toilette.

De mon côté, soit distraction, soit un autre motif, j'avois cessé de tenir les bords de mon manteau croisés sur ma poitrine ; ils s'étoient écartés, et la partie saillante, qui avoit d'abord frappé les regards de ma compagne, prenoit à chaque instant plus de consistance et plus

de fermeté. Du coin de l'œil, chacun de nous lorgnoit ce qui s'offroit
à ses regards ; des soupirs brûlans
que le desir faisoit naître s'échap-
poient de nos poitrines : notre démarche étoit incertaine. Cet état
violent ne pouvoit pas durer : aussi
ne dura-t-il pas.

Lorsque nous fûmes dans le pavillon, elle m'invita à me mettre
dans son lit, en attendant qu'il lui
lui ait été possible de me procurer
des vêtemens. Je ne me fis pas
prier, et mon introductrice vint se
mettre dans un fauteuil auprès de
moi.

Elle me demanda quelle étoit
l'aventure qui m'avoit réduit à me
promener la nuit dans un équipage

aussi grotesque. Je lui racontai tout ce qui venoit de m'arriver au château de Basseroche. Mon récit la fit beaucoup rire.

Elle me dit, de son côté, qu'elle étoit la nièce et l'héritière d'un fermier-général, extrêmement riche, qui étoit dans ce moment à Paris; qu'elle l'attendoit sous peu avec un homme de qualité, auquel il se proposoit de la marier; que, pendant l'absence de son oncle, elle couchoit ordinairement dans ce pavillon, parce que la vue en étoit infiniment plus agréable que celle du château; qu'enfin elle se félicitoit de sa translation, puisqu'elle lui avoit servi à être utile à un jeune homme aussi aimable que je paroissoïs l'être. Ces derniers mots furent dits d'une voix tremblante , en rougissant et baissant les yeux. Je lui pris la main , que je portai sur mes lèvres : elle la retira ; un charmant sourire vint embellir encore son aimable figure.

Ma jeune compagne se leva , me pria de ne pas m'impatienter , qu'elle alloit revenir le plus promptement possible. En disant ces mots, elle sortit , et m'enferma à double tour.

Je fis je ne sais combien de réflexions sur la bizarrerie de mon étoile , qui ne me plaçoit sur le pinacle que pour m'en précipiter plus rapidement ; mais aussi ,

comme

comme dans tous les évènemens fâcheux qui avoient traversé ma vie, il étoit toujours venu un moment de bonheur après celui de l'infortune, je sentois que j'aurois tort de me plaindre, il est tant d'êtres qui valent beaucoup mieux que moi, et qui n'ont connu que le malheur.

Laure, c'est le nom de ma protectrice, revint bientôt ; elle apportoit une demi-bouteille de vin de liqueur, des biscuits et des hardes de son oncle. Imaginez un habit maron, orné d'un large galon d'or ; la culotte de même, avec les jarretières pareillement galonnées en or; la veste de satin blanc, brodée en or, paillettes et soie ; bas de

soie blancs, souliers larges et ronds;
petites boucles d'or carrées; cha-
peau galonné. Jugez la tournure
que devoit avoir le pauvre Chérubin avec ses seize ans et demi, sous
un tel accoutrement.

Je m'habillai donc, et voilà la
folle de Laure à rire comme une
extravagante de ma tournure finan-
cière, à laquelle il ne manquoit plus
que la perruque à la brigadière et
la canne à bec de corbin. Je pris
Laure dans mes bras, et, tout en lui
parlant de ma reconnoissance, j'ap-
pliquai un baiser savoureux sur sa
bouche vermeille. Ma main osa se
glisser sous un fichu assez négligem-
ment attaché. Laure me repoussa,
mais avec une certaine molesse, qui

m'annonça qu'elle ne seroit pas long-tems rebelle à mes caresses.

J'allois hasarder quelque chose de décisif, lorsqu'un domestique vint frapper au pavillon , et annonça à Laure que la voiture de son oncle paroissoit dans l'avenue ; je fus on ne peut pas plus vexé de ce contre-tems; mais qu'y faire? c'étoit partie remise. Laure se rendit au château pour y recevoir le très-cher oncle , et vraisemblablement l'illustre prétendu. Je restai seul possesseur du pavillon , où elle me promit de me rendre visite , aussitôt qu'elle pourroit disposer d'un instant, et je fus enfermé de nouveau.

Assez embarrassé des moyens

que je prendrois pour occuper mon tems, je m'amusai à regarder le jardin à travers les barres d'une persienne qui étoit fermée, lorsque je vis venir un petit garçon jardinier, d'à-peu-près seize ans, menant par la main une jolie petite paysanne du même âge. Ils furent s'asseoir sur un banc de pierre au pied de la muraille, en face du pavillon. Ce banc étoit dérobé à la vue du château par la niche de verdure dans laquelle il étoit placé.

Génevieve, dit le manant, viens auprès de moi. — Que me veux-tu, Jacquot? — Te dire bien des choses, Génevieve. — Quoi donc encore? — Tout le monde est au château occupé à recevoir M. Duremont;

mademoiselle y est avec les autres, par conséquent il n'y a personne dans ce pavillon : ainsi nous ne seront pas interrompus. — Eh bien ! ou veux-tu en venir avec tes préambules ? — A te montrer quelque chose qui t'étonnera bien. — Qu'est-ce que c'est ? — Auparavant faut que tu me montres ce que tu as sous ton fichu. — Je ne veux pas. — En ce cas , tu ne verras pas ce que je voulois te montrer. — Mais que te fait ce que j'ai sous mon fichu ? — Il faut que je le voie avant de te montrer ce que je veux dire. — Eh bien ! regarde sous mon fichu. — Oh ! comme c'est joli..... comme c'est ferme.... — Ne frotte donc pas comme cela le bout, ça me chatouille. — Comme c'est joli!... — Ah ça! tu vas me faire voir à présent ce que tu voulois me montrer.—Oui.—Tu déboutonnes ta culotte. — Il le faut bien..... Tiens, regarde. —Oh! la drôle de chose. — Pas vrai, Génevieve, que c'est drôle. —Et..... que sont ces machines qui pendent au-dessous? — Ce sont les amourettes. — C'est comme des petites boules qui sont renfermées là-dedans, ça roule. — Sais-tu à quoi sert cet outil-là, Génevieve. — Non, Jacquot. — Ça sert à mettre dans la petite fente que tu as entre les jambes. — Bah!.... --- Veux-tu essayer? --- Non pas, ça me feroit trop de mal. --- Oh! que non! ---

Je te dis que j'ai voulu un jour **y**
fourrer le bout de mon petit doigt,
et ça m'a fait beaucoup de mal. ---
Je te dis que ce sera assez large. ---
Je te dis que non. --- Regarde plutôt. --- Oh ! le joli poil ! comme il
est noir. --- Écarte le poil, et tu
verras que ça n'est pas assez large.
--- Tu as raison , c'est bien petit ;
cependant , ta cousine Javotte me
l'a fait mettre dans la sienne hier ,
et ça est entré tout seul. --- Ma
cousine Javotte t'a fait mettre ta
machine dans sa fente. --- Oui !
dans sa fente. --- Ça m'étonne, elle
est plus petite que moi , et je suis
son aînée d'un an. --- Tu vois bien
que , puisque je l'ai mis dans la
fente de ta cousine Javotte , qui est

plus jeune que toi , je peux bien le mettre dans la tienne. --- Ecoute , Jacquot , je veux bien que tu essaies ; mais, si cela me fait mal , je te le dirai d'abord.

Qu'on juge de mon état pendant ce dialogue , et sur-tout la pantomime dont il étoit entremêlé. M. Jacquot se mettoit en devoir d'enfiler mademoiselle Génevieve ; je suis assez égoïste en fait de plaisirs amoureux : je ne voulus pas que le manant jouît tranquillement de sa conquête , et au moment où elle commençoit à crier , je pris une orange , et la lui jetai de toute ma force. L'orange , lancée avec roideur , frappa d'une manière violente sur le dos du rustre. Je ne referme pas la persienne avec assez de prestesse , Jacquot se retourne , m'apperçoit, reconnoît l'habit , et se sauve en criant : M. Duremont ! nous sommes perdus. Génevieve se sauve d'un autre côté , et je reste seul à rire de leur frayeur.

Mais j'allois bientôt me repentir d'avoir interrompu les plaisirs de Jacquot. En se sauvant , il avoit été se jeter , au détour d'une allée , au milieu de la société; il se heurta contre M. Duremont. En l'appercevant il fit un cri d'effroi , et fut prêt à tomber à la renverse. On lui demanda ce qu'il avoit ; il se fit longtems presser , et avoua enfin que sa frayeur venoit de ce qu'il venoit de voir M. Duremont dans le pavillon ,.

et qu'il le retrouvoit au milieu de la société. On lui dit qu'il étoit fou, mais il assura si positivement qu'en ce moment même M. Duremont étoit dans le pavillon, que la société, curieuse de pénétrer ce mystère, s'achemina de ce côté.

Laure suivit tout le monde, pâle et tremblante, ne sachant à quoi se résoudre. Arrivée au pavillon, M. Duremont lui demanda la clef, elle dit qu'elle ne l'avoit pas. Il y a là-dessous, dit l'oncle, en regardant sa nièce d'un air sévère, quelque chose que je suis bien aise d'éclaircir ; et pendant qu'un domestique va aller au château chercher les outils nécessaires pour enfoncer la porte, nous allons *y* rester , afin que celui qui est renfermé dedans ne puisse s'échapper.

J'étois fort embarrassé pendant le colloque, d'autant plus, qu'outre quatre ou cinq personnes , il y avoit un colonel de dragons , superbe homme , d'environ trentetrois à trente-quatre ans ; et que cet officier avoit mis l'épée à la main pour garder la porte du pavillon.

Je n'avois point d'armes. Je cherchois partout pour voir si je ne trouverois pas quelque chose qui pût m'en servir. Je découvris dans une petite garde-robe , une vieille épée de duel; et je résolus de tout braver ; j'ouvris la fenêtre.

Que me demandez - vous , m'é-
criai - je ? Que faites - vous chez
moi, me dit Duremont ? --- J'y suis
par la suite d'une aventure qu'il
seroit trop long de vous raconter :
qu'il vous suffise de savoir , pour
le moment , que mademoiselle est
entièrement innocente de ce dont
vous pourriez l'accuser ; qu'elle n'a
écouté que la voix de l'humanité
en m'introduisant dans ce pavillon.
Si cette explication ne vous con-
tente pas , je suis gentilhomme ;
j'ai une épée et je descends.

En deux sauts je fus au bas de
l'escalier , et j'ouvris la porte.
Laure sans connoissance étoit dans
les bras d'un domestique. C'est à
vous, M. le comte , dit Duremont,

en s'adressant au colonel, à nous venger d'un suborneur. Le comte jette la vue de mon côté ; que vois - je, s'écrie - t - il en pâlissant..... Ces traits..... Vous restez immobile, dit le fougueux Duremont. Cette conduite est indigne du comte de B..... Le comte de B.... m'écriai-je à mon tour ? Ah ! mon cœur ne m'avoit pas trompé ! Vous êtes mon père !...... Et je m'élançai dans ses bras. Votre père, dit-il d'une voix émue, et reculant un pas. — Oui, vous êtes mon père, ne rejetez pas de votre sein le fils de l'infortunée Cécile.... — Cécile, dit-il d'une voix mourante, et ses jambes fléchirent. Je me précipitai, et le retins dans mes bras.

Effectivement, c'étoit mon père qui venoit pour épouser Laure. Après l'affaire où il avoit tué Saint-Firmin, il étoit passé en Suède, où il étoit entré dans le service : il avoit entretenu une correspondance avec un ami qui l'avoit instruit que Cécile étoit expirée, en accouchant d'un enfant mort ; que cette nouvelle étoit cause qu'à son retour il n'avoit fait aucune démarche pour me retrouver.

On me demanda par quelle aventure je me trouvois dans le château. Je racontai l'histoire de ma vie entière en gazant les évènemens qui avoient besoin de l'être. On rit beaucoup, sur-tout de mon voyage en manteau de capucin, et Laure fut entièrement justifiée.

Enfin, lecteurs, j'ai retrouvé mon père ; Laure est ma belle-mère : le frère Ange m'a écrit que, grace à ses soins, Félicité est parfaitement avec son époux, qu'il est convaincu de la fausseté de ses soupçons, et que lui, capucin indigne, est l'ami de la maison.

Mon père m'a donné une lieutenance dans son régiment. Je n'ai pas encore dix-sept ans, et je suis officier de dragons ; c'est une pépinière à aventures. S'il m'en arrive de nouvelles, et que vous accueilliez favorablement celles que je mets sous vos yeux, je m'empresserai de vous en faire part. Et sur ce, je prie Dieu qu'il vous ait en sa sainte et digne garde.

F I N.

Note des Editeurs.

Nous avons en ce moment entre les mains la suite des *Aventures de Chérubin*; elles sont infiniment plus variées, plus originales, et plus piquantes que les premières. Si celles-ci ont le succès que nous en attendons, nous nous empresserons de livrer les autres à l'impression.